W0061446

Walter Jens

Die Buddenbrooks und ihre Pastoren

WALTER JENS

DIE BUDDENBROOKS
UND IHRE PASTOREN

ZU GAST
IM WEIHNACHTSHAUSE
THOMAS MANNS

VERLEGT BEI KINDLER

FÜR
WERNER SCHOENICKE
ZUM
65. GEBURTSTAG

» ›*T*ochter Zions, freue dich!‹ sangen die Chorknaben … sie sangen wunderschön. Diese hellen Stimmen, die sich, getragen von den tieferen Organen, rein, jubelnd und lobpreisend aufschwangen, zogen alle Herzen mit sich empor, ließen das Lächeln der alten Jungfern milder werden und machten, daß die alten Leute in sich hineinsahen und ihr Leben überdachten, während die, welche mitten im Leben standen, ein Weilchen ihre Sorgen vergaßen.« Wer, unter uns, erinnert sich nicht der berühmtesten Weihnachtsszene in der deutschen Literatur, der Beschreibung des Heiligen Abends im Hause Buddenbrook, erlebt, vor allem, aus der Perspektive des kleinen Hanno, dessen Herz sich beim glockenreinen A-cappella-Gesang zusammenzieht vor Glück und seligem Schmerz?

Wer erinnert sich nicht der bibelfesten, frommen

Konsulin, die, nachdem sie einen kleinen Schluck Zuckerwasser zu sich genommen hatte, mit dem Vorlesen der lukanischen Weihnachtsgeschichte begann, gefolgt von gemeinsamem Gesang, »O Tannenbaum« und »Stille Nacht, heilige Nacht«: »Man ging ein wenig vorsichtig zu Werke«, läßt Thomas Mann wissen, »denn die meisten Anwesenden waren unmusikalisch, und hier und da vernahm man in dem Ensemble einen tiefen und ganz ungehörigen Ton.«

Weihnachten in Lübeck, mit duftendem Tannenbaum, Silberflitter und plastischem Krippen-Arrangement, mit Mandelcreme und Puter (gefüllt mit Maronen, Rosinen und Äpfeln), mit einer andächtig-geschäftsmüden Festtagsgemeinde und mit Onkel Christian, dem Filou, der wieder einmal aus der Rolle fällt, indem er beim großen Defilée, dem Christbaum zu, seine Beine wie ein Hampelmann hebt und zur Belustigung der Kinder »O Tantebaum« singt: Vierzig Seiten lang schwelgt Thomas Mann beim Zelebrieren der bürgerlichen Festlichkeit, die ihm von Kindheit an Spaß gemacht haben wird: Wie sonst wäre es wohl zu erklären, daß der Tagebuchschreiber zwischen 1933 und 1954 mit nimmermüdem Elan Menü und Geschenke, den Wuchs des Baums (1935 »etwas zu steile Äste«), die Schmuckart (1945 »Lichterbaum mit Stanniolstreifen«) und nicht zuletzt die anwesenden Gäste, vom inneren Familienkreis bis zum großbourgeoisen Gesinde notiert? Da gibt es, zum obligatorischen Champagner, Gänseleber, Brathuhn und Trut- hahn; der Hausherr erfreut sich, zwischen Gang und Gang, am »feenhaften und bezaubernden Ein- druck der lieben Gaben«, dem »Thee-Koch-Appa- rat« von 1919 oder, 1937, dem silbernen Arm- leuchter, später der Stutzuhr und dem Schaukel- stuhl – die Bettdecke und das Opernglas nicht zu vergessen.

Alle Jahre wieder in München, Zürich, Princeton, Pacific Palisades, Erlenbach oder Küsnacht! »7 Uhr Bescherung«, heißt es, exemplarisch für viele Jah- res-Notizen, anno 1953 nach der Heimkehr in die alte Welt, »vorher alle im dunklen Eßzimmer, Lie- der singend. Das kleine Wohnzimmer wohl orga- nisiert. Allgemeines stilles warmes Entzücken. Hübsche Dinge für mich, Mozart und Brahmsplat- ten … Duftwasser, Seife, Taschentücher. Die Magd nobel beschenkt … Champagner-Souper mit Golo und den Kindern. Kaviar, Rehrücken, Reiscreme.« Weihnachten im Hause Mann: Das ist ein Thema, das, zurück ins Lübische gekehrt, zwanglos und folgerichtig zu der Frage führt, wie es der junge Poet und entzückte Feierer des Geburtsfests Jesu, zur Buddenbrook-Zeit, denn wohl mit der christ-

lichen Religion und, vor allem, deren beamteten Vertretern gehalten haben mag. Thomas Mann und die Pastoren – ein Thema, das so recht geeignet ist für eine weihnachtliche Meditation: Beginnen wir mit dem berühmten Buddenbrooks-Introitus!

»Was ist das. – Was – ist das …« Läppischer, sollte man meinen, geht es beim besten Willen nicht. Fragt da ein Kind? Ein unwirscher Erwachsener: *Zum Donnerwetter, was ist das?* Wie immer: Das wiederholte »Was ist das« wird auch durch aparte Zeichensetzung, zwei Gedankenstriche, drei Punkte, aber kein Fragezeichen (geschweige denn deren zwei) nicht auf die Ebene der hohen Prosa oder gar der Literatur gehoben, so zumindest hat es den Anschein – aber eben auch nur den *Anschein!* In Wahrheit markieren die zweimal drei Worte den Eingang eines der berühmtesten Romane des zwanzigsten Jahrhunderts: den festlich-nüchternen Eingang der »Buddenbrooks«.

Wo scheinbar, in einer Art von *basic*-Deutsch, gestammelt wird, sehen sich in Wahrheit alle Register gezogen. Kaum ist die Frage ausgesprochen, da begegnet man ihr auch schon durch ein abenteuerliches halb plattdeutsch, halb französisch intoniertes Parlando: »Je, den Düwel ook, c'est la question, ma très chère demoiselle!« Die Eingangsphrase, soviel wird sichtbar, und zwar sehr rasch, schon auf der ersten Seite des Romans – die Eingangsphrase verdient es, stilistisch aufgemöbelt zu werden: handelt es sich bei dem »Was ist das« doch keineswegs um eine Kinderfrage, sondern um – ein Luther-Zitat. Antonie Buddenbrook, »achtjährig und zartgebaut«, memoriert ein bißchen stockend den Lutherschen Katechismus: »Was ist das? Ich glaube, daß mich Gott geschaffen hat samt allen Kreaturen.«

Ein Musterbeispiel Thomas Mannscher Präsentation theologischer Tatbestände: Dem Hochpathetischen wird durch sprachliche Widerborstigkeit das Air des Feierlichen genommen; Umgangssprache konterkariert religiöse Pedanterie. Wenn der Autor der »Buddenbrooks« auf Kirchliches zu sprechen kommt, läßt er sich, Libertin und ein wenig lascher Kulturprotestant, der er in seiner Jugendzeit war, gern ein bißchen gehen, karikiert die frommen Bräuche unfrommer Geschäftsherrn, stellt der handfesten Tüchtigkeit in Handel und Wandel die Ideologie des *dominus providebit* gegenüber und verdeutlicht dem Leser, mit welch unerschütterlichem Gewissen sich's einer, der's zu Erfolg und bürgerlicher Bonität gebracht hat, nach dem Tischgebet leisten kann, Gott und Firma und gute Gesellschaft als eine lübische Trinität wohlleben zu lassen.

Christlicher Glaube als Ausweis bourgeoiser Respektabilität? Leider nicht. Wie wenig Ideologie und Gehabe, vorgeschobene Frömmigkeit und Lebensart miteinander zu tun haben, macht Thomas Mann am Beispiel jenes Bankrotteurs und Filous Bendix Grünlich sichtbar (Tonys erstem Ehemann, wie man weiß), dessen christliche Redensarten die dahinter verborgene Mentalität in kurioser, dem Leser sehr rasch einsichtiger Weise eher enthüllen als verbergen.

»Wir haben Verwandte in Hamburg«, bemerkte Tony, um etwas zu sagen ... »Oh, ich bin vollkommen orientiert«, beeilte sich Herr Grünlich zu erwidern. »Ich habe die Ehre, ein wenig bei den Herrschaften bekannt zu sein. Es sind ausgezeichnete Menschen ... Menschen von Herz und Geist – hä-ä-hm. In der Tat, wenn in allen Familien ein Geist herrschte wie in dieser, so stünde es besser um die Welt. Hier findet man Gottesglaube, Mildherzigkeit, innere Frömmigkeit, kurz, die wahre Christlichkeit, die mein Ideal ist.«

Kein wahres Wort, bei alledem! Vielmehr: Fromme Rede, die mit dem einzigen Ziel eingesetzt wird, den Partner zu übertölpeln. Religiöse Sprache als Strategie eines Filous, wie er im Buch steht, und gleichwohl von den lübischen Honoratioren für bare Münze angenommen. Der Kulturprotestantismus, zeigt Thomas Mann, hat es verlernt, zwischen Herzensfrömmigkeit und jener religiösen Schnoddrigkeit zu unterscheiden, die nicht einmal in Grünlichscher Plumpheit durchschaut wird: »Aber um Vergebung ... ich vergaß den Namen Ihres zweiten Sohnes, Frau Konsulin.« »Christian.« »Ein schöner Name! Ich liebe, wenn ich das aussprechen darf« – Herr Grünlich wandte sich wieder an den Hausherrn, »die Namen, welche schon an und für sich erkennen lassen, daß ihr Träger ein Christ ist. In Ihrer Familie ist, wie ich weiß, der Name Johann erblich ... wer dächte dabei nicht an den Lieblingsjünger des Herrn. Ich zum Beispiel, wenn ich mir die Bemerkung erlauben darf«, fuhr er mit Beredsamkeit fort, »heiße wie die meisten meiner Vorfahren Bendix, – ein Name, der ja nur als eine mundartliche Zusammenziehung von Benedikt zu betrachten ist«: So das Geplapper eines Heuchlers, der einhundertundvierzig Seiten später die einst in christlicher Rede Umworbene eine »dumme Gans nennen wird«, die er *nur* (kursiv gedruckt) des Geldes wegen geheiratet habe – der Mitgift, die leider nicht ausgereicht habe, den Bankrott der Firma Grünlich zu verhindern ... und kaum daß diese nicht gerade christliche, aber dafür wahre Erklärung heraus war (»Ich bin deiner überdrüssig ... überdrüssig ... überdrüssig!«), »schritt Johann Buddenbrook, der Fir-

menchef mit dem Namen des Lieblingsjüngers, der seine Tochter aus Hamburg ins heimatliche Lübeck zurückholen wollte, auf den Bankrotteur zu, berührte sanft seine Schulter und sprach leise und mahnend: ›Fassen Sie sich. Beten Sie.‹«

In der Tat, die »Buddenbrooks« strotzen von offenen, geheimen und anspielungsartig-verschlüsselten Redensarten und ins Bürgerlich-Derbe, Kaufmännisch-Realistische eingeflochtenen Formeln, die sichtbar machen, daß das Religiöse, wirksam als Ideologie in einer Welt der Handelsgeschäfte, Firmen-Kalküle und Mitgift-Berechnungen, als kulturbestimmendes Element fest in die bürgerliche Gesellschaft einbezogen ist: keine Rede vom Verweise auf ein »Anderes«, Transzendentes und Absolutes, an dem sich die Praktiken des Geschäftemachens zu messen hätten!

»Ein vollkommen erzogener Mann«, sagte die Konsulin »Ein christlicher und achtbarer Mensch«, sagte der Konsul – was soviel heißt wie: Ein Christ führt Bücher, die in Ordnung sind … doch eben dies ist nicht der Fall, so daß der Redliche, ein Mann wie Johann Buddenbrook der Jüngere, erhebliche seelische Turbulenzen durchmachen muß, sobald er erfährt, daß sein frommer Benedikt in Wirklichkeit ein Schwindler und Buch-Fälscher ist. Einer, der planmäßig und wohlüberlegt Exaltationen einsetzt, um seinen schwiegerväterlichen Geldgeber in die Enge zu treiben: Sein Weib, Johann Buddenbrooks Tochter, dazu die Enkelin Erika (»unser beider unschuldiges Kind«) – im Elend? In der Gosse? Nein, das könne er nicht ertragen, umbringen werde er sich, »mit dieser eigenen Hand«, so daß der Himmel sich hüten werde, den am Ende schuldigen Schwiegervater freizusprechen von jeder Schuld.

Und das Resultat solcher Rede? »Johann Buddenbrook lehnte bleich und mit pochendem Herzen in seinem Armsessel ... und wieder durchschauerte ihn die schwärmerische Ehrfurcht seiner Generation vor menschlichen Gefühlen, die stets mit seinem nüchternen und praktischen Geschäftssinn in Hader gelegen hatten. Dieser Anfall aber währte nicht länger als eine Sekunde. Hundertzwanzigtausend Mark ... wiederholte er innerlich, und dann sagte er ruhig und fest: ›Antonie ist meine Tochter. Ich werde zu verhindern wissen, daß sie unschuldig leidet.«

Gefühle, religiöse Aufblicke, das Händefalten und das *dominus providebit* – gut und schön; aber wenn's ans Geschäft geht, dann wird gerechnet – und die Gefühle mögen bleiben, wohin sie gehören: in die Tiefe des Herzens.

Und dabei ist der Konsul (anders als Grünlich),

wenn er sich's leisten kann, durchaus ein Freund frommer Exalteration – am Sekretär des Frühstückszimmers zum Beispiel (also nicht im Kontor), beschäftigt, ins Familienbuch die Geburt einer Tochter einzutragen (welche »in der hl. Taufe den Namen Clara empfangen soll«). Da freilich kann es ihn schon überkommen, und zwar mit solcher Gewalt, daß er Zeile für Zeile zu Gott spricht: »Ich habe meiner jüngsten Tochter eine Police von 150 Kuranttalern ausgeschrieben. Führe du sie, ach Herr, auf deinen Wegen und schenke ihr ein reines Herz, auf daß sie einstmals eingehe in die Wohnungen des ewigen Friedens. Denn wir wissen wohl, wie schwer es sei, von ganzer Seele zu glauben, daß der ganze liebe süße Jesus mein sei.« Und so weiter und so fort, über das Amen und alle Neigung hinaus, »zur Gattin zu gehen oder sich ins Kontor zu begeben«: »Wie aber! Wurde er so bald müde, sich mit seinem Schöpfer und Erhalter zu bereden? ... Nein, nein, als Züchtigung gerade für sein unfrommes Gemüte zitierte er noch längere Abschnitte aus den heiligen Schriften ... und endlich, nach einem letzten Bibelspruch und einem letzten, dreimaligen Amen, streute er Goldsand auf die Schrift und lehnte sich aufatmend zurück.«

Ein Schlingel, dieser fünfundzwanzigjährige junge Mann, der seine »Buddenbrooks« schreibt: Die fromme Rede des Kaufmanns mit dem Gebet für die Lieben (darunter auch Bruder Gotthold, dem der Schreibende kurz zuvor die Erbschaft streitig gemacht hatte) sieht sich eingerahmt durch die Erwähnung der Police zu Beginn und die aufatmende Erleichterung zum Schluß der Episode, womit angedeutet werden soll, daß der fromme Aufschwung zwar für subjektive Wahrhaftigkeit zeugt, aber gleichwohl fest integriert sei in das *prius* von Geschäft und täglichem Dienst. Wenn die Glocke ruft, findet auch die himmlischste, vom Freigeist Johann Buddenbrook senior als Larifari spöttisch preisgegebene Meditation ihr natürliches Ende, und der ganze liebe Jesus wird wieder für eine Weile ad acta gelegt.

So rapide der Prozeß zunehmender Spiritualisierung sich in den »Buddenbrooks« ausnimmt: Von »Christianisierung« ist dabei gewiß nicht zu reden – im Gegenteil, die Attacken gegen geistliches Schmarotzertum und schwärmerische Paul-Gerhardt-Stimmung (nach reichlichem Essen) nimmt eher zu, im Verlaufe des Werks.

Die positive Religion mit ihren Dogmen und Riten, dem Geistlich-Administrativen und Pontifikalen, im Sinne einer Verschwisterung von Macht und Kirche, Politik und Geistlichkeit, war Thomas Mann bis ins hohe Alter hinein durchaus suspekt:

Orthodoxie und Amtsgewalt schreckten ihn ab, einem Mann wie Erzbischof Spellman, um nur ihn zu nennen, begegnete er mit barem Entsetzen, und so emphatisch er die humanistische Religion oder den religiösen Humanismus verteidigte, »dem die Ehrfurcht vor dem Rätsel und der Würde« zugrunde liege, so sehr fürchtete er andererseits, daß eine solche, wenn man wolle, »primitive« Religiosität jederzeit wieder ins Dogmatische umschlagen könne: »Sobald das Religiöse«, heißt es in einem Brief an Kuno Fiedler, »sich als positive, gegen andere Bekenntnisse bestimmt, ja militant abgegrenzte Religion etabliert, stellt sich alles wieder ein: Theologie, Mythologie, Orthodoxie, ein Dogmensystem, das an das Heil gebunden ist, sogar kirchliche Machtpolitik (denn Religion und Politik sind nicht zu trennen), und wir sind wieder am gleichen Fleck.«

Und warum dann die vielen Pastoren und die kirchlichen, breit ausgemalten Festivitäten, die »Jerusalem-Abende« im Haus der Konsulin? Als Gelegenheit, das Sympathisieren mit geistlicher Neigung und frommer Weltanschauung zu knappen, aber signifikanten Bestandteilen von Porträts zu verwenden – als Chance, in der Weise Fontanes, Thomas Manns Lehrmeister auf diesem Gebiet, die Dissonanzen einer Epoche am Beispiel der Geist-

lichen zu verdeutlichen: Man denke an den kriti-
schen Vergleich zwischen dem weltfrommen Lorenzen und jenem Superintendenten Koseleger im
»Stechlin«, dessen Traum einem langen Korridor
gilt, »an dessen Ende eine Tür steht mit der Na-
mensetikette: Generalsuperintendent Koseleger«.
Nicht das Große und Allgemeine, Religion und
Metaphysik, interessierte den jungen Thomas
Mann, sondern – eben auf den Spuren Fontanes –
die Manier, mit deren Hilfe Geistliche, was weltlich
ist, artikulieren: ihr Habitus und ihre spezifische
Technik, sich auf die sie umgebende Welt einzulas-
sen. In einer leider noch ungeschriebenen Arbeit
über den Pfarrer in der deutschen Literatur würde
Thomas Mann ein Ehrenplatz zukommen: Stau-
nenswert, wie er es fertigbringt, den Familienver-
fall der Buddenbrooks nicht nur durch eine Beschreibung der Hauptpersonen, sondern auch
durch eine Charakteristik der ihnen zugeordneten
geistlichen Herren zu illustrieren.
Thomas Mann, die »Buddenbrooks« und die Pastoren: Da steht am Anfang, Paladin des platt-
deutsch-französisch sprechenden Johann senior,
mit seinem Spitzenjabot und der Freigeist-Gesin-
nung ... da steht am Anfang Pastor Wunderlich, der
seinem Bruder im Geist bis ins Wortwörtliche
hinein gleicht: gepudertes Haar hüben und drü-

ben, hier ein »rundes wohlmeinendes«, dort ein »behaglich lustiges Gesicht«. Und gleich auch, beim Firmenchef und beim Pastor, die humane, akkurate und fontaneske Art, sich zu geben und, vor allem, zu reden: »Pastor Wunderlich ... sprach, den Kopf ein wenig zur Seite geneigt, ein feines und spaßhaftes Lächeln auf seinem weißen Gesicht und die freie Hand in zierlichen kleinen Gesten bewegend, in dem freien und behaglichen Plauderton, den er auch auf der Kanzel innezuhalten liebte ... ›Und wohlan, so lassen Sie sich denn belieben, meine wackeren Freunde, ein Glas dieses artigen Tropfens mit mir zu leeren auf die Wohlfahrt unserer vielgeehrten Wirte in ihrem neuen, so prächtigen Heim.‹«

Kein Zweifel, das ist Geist vom Geist des »Stechlin«; wie Wunderlich hätte auch Dubslav reden können, wäre er nicht Major a. D., sondern Pfarrer gewesen: Dubslav, der seinem Lorenzen in gleicher Weise ähnelt wie der alte Johann seinem Wunderlich, der so vortrefflich »in angenehmen Wendungen« zu toasten versteht.

Wie anders da Nachfolger Kölling, der Gefährte jenes jüngeren Johann, der das Geistlich-Geistige, ohne es darüber freilich aus dem geschäftlichen Blick zu verlieren, ins Subjektiv-Individuelle erhebt: ganz so wie Kölling, sein polternder Antipode, den es nicht kümmert, sich auf der Kanzel gehenzulassen – Kölling, ein »robuster Mann mit dickem Kopf und derber Redensweise«, der in St. Marien gegen die Wollüstigen, Fresser und Säufer zu Feld zieht: »Dies war sein Ausdruck, obgleich manche Leute, die sich der Diskretion des jüngst verstorbenen alten Wunderlich erinnerten, die Köpfe schüttelten.«

In Köllings Figur verbinden sich geistlicher und weltlicher Machtbereich zu untrennbarer Einheit: Wenn der Konsul, im Säkularen, seine Tochter Antonie in die Arme des christlich drauflosschwadronierenden Bankrotteurs treibt, so tut Kölling, unter den Himmeln in St. Marien, das Seine dazu, indem er eines Sonntags, »mit starken Worten«, wie der juvenile Autor betont, über den Text redete, in dem es hieß, daß das Weib, Vater und Mutter verlassend, dem Mann nachfolgen müsse ... »wobei er plötzlich ausfallend wurde ... Ein jugendliches, ein noch kindliches Weib, verkündete er, das noch ... keine eigene Einsicht besitze und dennoch den liebevollen Ratschlüssen der Eltern sich widersetze, das sei strafbar, das wolle der Herr ausspeien aus seinem Munde ... und bei dieser Wendung, welche zu denen gehörte, für die Pastor Kölling schwärmte und die er mit Begeisterung vorbrachte, traf Tony ... ein durchdringender Blick

aus seinen Augen, der von einer furchtbaren Arm-
bewegung begleitet war.«

Theaterspiel und weltlich-dreistes Drama in St.
Marien, unmittelbar neben dem Buddenbrook-
Haus (Kirche und Firma waren nur ein paar Stein-
würfe weit voneinander entfernt): Kölling wettert
von der Kanzel herab, der Konsul erhebt seinen
Arm (»So! Nicht zu heftig ...«), und Tony sitzt »rot
und gebückt an ihrem Platz«: beschämt vor aller
Welt – und das alles wegen eines Filous, der sie
»Gans« nennen wird.

Kein Wunder, daß Thomas Mann am Schluß des
Kölling und seiner luthersch-derben Rhetorik
geltenden Abschnitts, zu Tony gewendet, erklärt:
»Und am nächsten Sonntage weigerte sie sich aufs
bestimmteste, die Kirche zu besuchen.«

Wunderlich, Kölling und schließlich Pringsheim:
So heißt die Trias der Buddenbrook-Begleiter im
Roman. Die geistliche Reihe, die mit dem liebens-
werten Wunderlich begann, endet mit Thomas',
des Schopenhauer-Lesers *alter ego*, dem Schau-
spieler Pringsheim, der die Kunst gefälligen Zele-
brierens bis zur Vollendung beherrscht, und das
nicht nur im Duktus der Rede, sondern auch in der
zwischen »fanatischem Ernst und heller Verklärung« wechselnden Mimik – den Habitus eines
Pater Seraphicus nicht zu vergessen, der im geist-

lichen Ornat »die kühle Schlagsahne von seiner heißen Schokolade« nippt, um gleich darauf mit »verklärtem Gesicht« (*Verklärung* als ironischer Terminus technicus für den zwischen Salon und Altarraum hin und her pendelnden virtuosen pastor marianus) ... um gleich darauf wie ein urbaner Herr zu parlieren: comme il faut im lübischen Ambiente – »In jeder seiner Bewegungen liegt ausgedrückt: Seht, ich kann auch den Priester ablegen und ein ganz harmlos fröhliches Weltkind sein! Er ist ein gewandter und anschmiegsamer Mann.«

Bewundernswert, mit welcher Meisterschaft, noch im Schatten Fontanes, doch schon bereit, aus ihm herauszutreten ins Grundsätzlich-Allgemeine, Thomas Mann seine Lieblings-Objekte, die geistlichen Herrn mit Halskrausen oder schwarzem Rock porträtiert: eine Corona, die im Haus der Konsulin B. mit so entschiedener Passion verweilte, weil sie »gottgefälliger Gespräche, einiger nahrhafter Mahlzeiten und klingender Unterstützung zu heiligen Zwecken« gewiß sein durfte, wohlversehen mit den opulenten Gerichten des Hauses, gelegentlich genasführt (so, wenn Tony, die den verhaßten Schwarzröcken eins auszuwischen liebte, jene Specksuppe anrichten ließ, die außer den Lübeckern niemand anrühren mochte), oft auch

mißverstanden: von der Köchin Stina zum Beispiel, die auf die Frage eines schwäbischen Geistlichen, Pastor Mathias aus Canstatt: »Liebscht den Herrn«, nicht so recht wußte, ob nun der Alte oder der Junge gemeint sei im Haus Buddenbrook.

Pastor Mathias – und dann Tränen-Trieschke natürlich: Tränen-Trieschke aus Berlin, der diesen Beinamen führt, »weil er allsonntäglich einmal inmitten seiner Predigt zu weinen begann« und der sich im Roman nicht entblödet, nach zehntägigem Wettessen ausgerechnet Tony einen Brief überreichen zu lassen, von dem es im Roman, unüberbietbar formuliert, heißt, er sei »aus Bibelextrakten und einer sonderbar anschmiegsamen Zärtlichkeit wirksam gemischt«.

Thomas Mann und die protestantische Kirche: Das ergäbe, amüsant und lehrreich zu lesen, ein Florilegium besonderer Art, angefüllt mit geistlichen Herrn, von denen Pastor Trieschke, mit den Pferdekinnbacken und den vielen Kindern in Berlin, gewiß der komischste, Oberlehrer Ballerstedt aber, der den jungen Hanno in Religion unterweist, der schillerndste wäre: Ballerstedt, der Prediger hatte werden wollen, dann jedoch »durch seine Neigung zum Stottern wie durch seinen Hang zu weltlichem Wohlleben bestimmt worden war, sich lieber der Pädagogik zuzuwenden« …

Ballerstedt, der es sich angelegen sein läßt, dem Sohn des verunglückten Kaufmanns Kaßbaum »trotz seiner zerrütteten Familienverhältnisse« eine vorzügliche Note zu geben, »weil er mit Genauigkeit feststellen konnte, daß Hiob an Vieh siebentausend Schafe, dreitausend Kamele, fünfhundert Joch Rinder, fünfhundert Esel und sehr viel Gesindes besessen habe«.

Hohn und Spott, wohin man blickt in den »Buddenbrooks«, Hohn über die grotesken Verwalter einer radikal verweltlichten, in Schuld, Komplizentum und arrogante Kumpanei verstrickten Kirche; Spott über pietistisch geprägte Vesperstunden bei der Konsulin nach dem Hinscheiden ihres Gemahls (»Todesfälle«, bemerkt Thomas Mann, »pflegen eine dem Himmlischen zugewandte Stimmung hervorzubringen«) ironische Preisgabe der sogenannten »Jerusalem-Abende«, die jenen Morgenandachten folgten, bei denen die Hausgemeinde den durch Thomas Mann in die Geschichte der Kirchenlied-Parodien eingegangenen Choral anstimmte: »Ich bin ein rechtes Rabenaas, ein wahrer Sündenkrüppel, der seine Sünden in sich fraß als wie der Rost den Zwippel.«

Und dazu die epische Präsentation der großen, von Soupers und Gebeten getragenen Feste: die Taufe und die Weihnachtsabende, bei denen die Chor-

knaben »Jauchze laut, Jerusalem« singen: eine Karikatur, das Ganze? Gewiß nicht. Eher eine – freilich süffisant, mit Lust am satirischen *debunking* und hoher sprachlicher Entlarvungs-Kunst vorgetragene – Wirklichkeitsbeschreibung, eine lübische Description, die dann um so glaubhafter wirkt, wenn man sie mit Erzählungen vergleicht, wie sie im Hause Eschenburg, also im Umkreis einer den Fehlings und den Manns verwandten Lübecker Patrizier-Familie, noch lebendig sind ... Erzählungen, die den Unterweisungen eines Amtskollegen Ballerstedts, des Religionslehrers X. am Katharineum, gelten, der sich zu der These verstieg, Jesus habe am Sabbath die Ähren nicht etwa aus Hunger oder aus Lust zu provozieren, sondern »nur mal so« gerupft, und der den Gipfel seiner religiösen Unterweisung erreichte, als er, den Hiobs Viehstücke zählenden Ballerstedt noch überbietend, eines Tags die Frage stellte, ob Jesus wohl rechts oder links um den See Genezareth gepilgert sein möge. »Möllendorpf!« »Rechts herum, Herr Oberlehrer!« »Die Antwort ist falsch. Nottebohm!« »Linksherum also.« »Genauso falsch! Die richtige Antwort muß lauten: ›Wir wissen es nicht und müssen uns bescheiden.‹«

Lübeck um 1900: gespiegelt in der Erinnerung hanseatischer Patrizier-Enkel und auf den poetischen Begriff gebracht in der ebenso ideologiekritisch-präzisen wie sarkastisch-erheiternden Schilderung der »Buddenbrooks«: Fontane, der Hochmeister einer von Thomas Mann zeitlebens erstrebten Einheit von Psychologie und Kritik, winkt, von fernher, herüber und applaudiert ... und wir applaudieren ihm auch, dem lübischen Meister und ein wenig läßlichen Christen, der gleichwohl von seinem Glauben nicht lassen mochte – am allerwenigsten zur Festtagszeit.

© Copyright 1990 by Kindler Verlag GmbH, München
Das Werk einschließlich aller seiner Teile ist
urheberrechtlich geschützt. Jede Verwertung außerhalb
der engen Grenzen des Urheberrechtsgesetzes ist ohne
Zustimmung des Verlags unzulässig und strafbar. Das gilt
insbesondere für Vervielfältigungen, Übersetzungen,
Mikroverfilmungen und die Einspeicherung und
Verarbeitung in elektronischen Systemen.
Satzarbeiten: Compusatz, München
Druck und Bindearbeiten:
Franz Spiegel Buch GmbH, Ulm
Printed in Germany
ISBN 3-463-40158-4
2 4 5 3 1